글 노지영

대학에서 국어국문학을 공부하고 KBS와 EBS 방송국에서 어린이 프로그램 작가로 활동했습니다.
모니터 밖에서 아이들과 더 신나는 이야기를 나누고 싶어서 동화작가가 되었고, 새로운 이야깃거리를 구상하며 즐겁게 생활합니다.
쓴 책으로는 《구석구석 놀라운 인체》,《떴다! 지식탐험대: 화산과 지진》,《우리동네 행복한 직업》,《시험불안 탈출학교》 등이 있습니다

그림 도니패밀리

귀여운 그림과 재미있는 표정 연출이 주특기인 신재환, 정동호 두 그림작가로 이루어진 팀입니다.
그림을 보면서 즐거워하는 독자들의 모습을 상상하면서 신나게 작업하고 있습니다.
펴낸 책으로는 《구해줘 카카오프렌즈》,《몰입영어 월드트레블》 등이 있습니다.

감수 황신영

이화여자대학교 과학교육과를 졸업하고, 동대학원에서 박사 학위를 받았습니다.
현재 이화여자대학교 사범대학부설 영재교육원에서 근무하며, 대학생을 가르치고 있습니다.
쓴 책으로 《멘델이 들려주는 유전 이야기》,《윌머트가 들려주는 복제 이야기》,
《초등과학 개념사전》,《초등학생이 꼭 알아야 할 미생물 이야기 33가지》 등이 있으며,
번역한 책으로는《천재들의 과학노트: 과학사 밖으로 뛰쳐나온 생물학자들》,《현대 과학의 이정표》가 있습니다.

매직 엘리베이터 클럽

엘베르토

매직 엘리베이터를 타면 나타난다.
누구인지, 어디서 오는지 알 수 없다.
모르는 게 없다. 그만큼 말이 많다.
아직도 알고 싶은 게 너무 많다.

엘베르토와 함께 매직 엘리베이터를 타고 세상의
모든 지식을 찾아 모험을 하는 클럽이다.
매직 엘리베이터 클럽을 줄여서 '매직 엘리 클럽'이라고도 한다.
호기심이 늘 샘솟는다면
누구나! 매직 엘리 클럽의 회원이 될 수 있다.

매직 엘리베이터

평소엔 평범한 엘리베이터다.
호기심이 발동하는 순간
매직 엘리베이터가 된다.
매직 엘리베이터는
시간과 공간을 초월한다.
매직 엘리베이터의 능력과 한계는
아직 밝혀지지 않았다.

매직 엘리 클럽 규칙

✓ 하나. 궁금한 건 참지 않는다.
✓ 둘. 매직 엘리베이터를 타고 신나게 모험을 즐긴다.
✓ 셋. 모험을 한 후 내 마음대로 보고서를 쓴다.

브라운
무뚝뚝, 무표정하지만 곁에 있는 것만으로 든든한 친구.

열정과 에너지가 넘치는 친구.
코니

초코
브라운의 동생. 궁금한 것도, 꿈도 많은 친구.

★ 매직 엘리 클럽 회원 소개 ★

라인 아파트에 사는 사이좋은 친구들.
우연히 매직 엘리베이터의 비밀을 알게 되었고,
엘베르토와 함께 매직 엘리베이터를 타고 마법 같은 여행을 한다.

"세상에는 궁금한 것도, 알아 갈 것도, 경험할 것도 너무 많아!
정말 신나는 일이야!"

레너드
미스터리를 좋아하고, 엘베르토의 비밀에 관심이 많은 친구.

에드워드
책을 좋아하고, 스피드를 즐기는 친구.

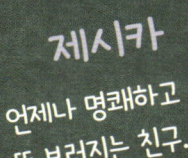
제시카
언제나 명쾌하고 똑 부러지는 친구.

팡요
집에 있는 것을 제일 좋아하는 친구.

샐리
친구들 중 가장 힘이 세고, 엘베르토만큼 수다스러운 친구.

정말 근사한 클럽이군! 나도 함께할 수 있을까?

잠시 후 주위가 고요해졌어.
"지진이 일어났을 땐 엘리베이터를 이용하지 말고 계단으로 나가야 해."
우리는 에드워드의 말에 따라 계단을 통해 건물 밖으로 나왔어.
팡요는 집 안에 있는 게 더 안전하지 않겠냐며 투덜거렸지만 건물 밖으로 대피하라는 안내 방송이 나오자 더 이상 아무 말도 하지 않았지.

지진이 나면 일어날 수 있는 상황

- 땅이 갈라지고 건물이 무너진다.

- 전기와 가스 시설이 망가져서 불이 난다.

- 산사태가 일어난다.

- 지진 해일이 일어난다.

"왜 엘리베이터를 타면 안 돼?"

"지진이 났을 땐 정전으로 엘리베이터 안에 갇힐 수도 있어."

"어디든 안전한 데로 빨리 가자."

"계단은 안전한 거 맞지?"

"으아아, 레너드 살려!"

운행중지

자나 깨나 불조심

땅의 모든 것을 알려드립니다!
- 지질박물관 관장 제임스

우리는 학교 운동장 한가운데로 피한 뒤 놀란 마음을 진정시켰어.
"지진은 대체 왜 일어나는 거야?"
초코가 떨리는 목소리로 묻자 모두들 앞다투어 한마디씩 했어.
"지진이 났다고 꼭 이런 데로 피해야 해?"
"땅이 어떻게 흔들릴 수가 있어?"
그때였어. 아주 가까운 곳에서 시끄러운 소리가 들리더니 땅이 요동치기 시작했지.

"으악! 이게 뭐야!"

땅을 뚫고 불쑥 솟아오른 엘리베이터를 보고 놀란 우리가 소리쳤어.

"자, 얼른 타. 땅속 깊이 내려가야 하니까."

뿌연 먼지 사이로 등장한 엘베르토가 말했어.

"뭐? 땅속으로 간다고?"

"아휴, 깜짝이야! 괴물인 줄 알았네."

"아주 이상한 모습으로 변신했군."

"이걸 타고 땅속으로 들어가야 한다고?"

"지진에 대해서 궁금해 했잖아."

"땅속이 궁금하지 않아?"

땅속에서 지진이 발생한 곳을 진원이라 하고 진원 바로 위 지점을 진앙이라고 한다. 그리고 진원에서 진동이 생겨나 사방으로 퍼져 나가는 것을 지진파라고 한다.
땅속 깊은 곳에서 전달되는 지진파를 실체파라고 하는데, 실체파에는 고체, 액체, 기체 상태의 물질을 모두 통과하는 P파와 고체 상태의 물질만 통과할 수 있는 S파가 있다.

"진원은 땅속, 진앙은 땅 위 지점을 말하는 거야."

지진의 세기

지진의 세기는 규모와 진도로 나타낸다. 규모는 지진의 세기를 나타내는 단위로, 모든 지역에서 같다. 하지만 진도는 지진으로 생겨나는 영향을 나타내는 것으로 지역마다 다르다.

리히터 규모

미국의 지질학자인 리히터가 지진의 규모를 비교할 수 있도록 제안한 단위이다.

규모 3.5: 사람이 거의 느끼지 못한다.

규모 3.6~5.4: 대부분의 사람이 느끼고 창문이 흔들린다.

규모 5.5~6.0: 건물에 금이 간다.

규모 6.1~6.9: 건물이 크게 파손된다.

규모 7.0~7.9: 큰 빌딩이 파손되고 산사태가 난다.

규모 8 이상: 대부분의 건물이 파괴되며 땅이 갈라진다.

우리는 엘리베이터에 올라탔어.
"땅속이 궁금해!"
샐리가 외치며 버튼에 손을 대자 겁에 질린 팡요가 외쳤어.
"샐리, 제발 누르지 마!"
하지만 이미 늦었지. 엘리베이터가 움직이기 시작했거든.

딱!

"땅속이라니 정말 기대돼."

"두더지가 된 것 같아."

"땅을 뚫고 가는 거야?"

좌좌

"우리가 땅속으로 들어가고 있어!"

"난 지구 속이 하나도 궁금하지 않다고."

"땅속에 갇히면 어쩌지?"

"귀를 잘 막는 게 좋을 거야. 아주 시끄러울 거니까…."

엘베르토의 말이 끝나기 무섭게 심한 진동이 느껴지면서 요란한 소리가 났어. 창밖을 내다보니 엘리베이터가 흙과 바위를 깨고 땅속을 파고들고 있었지. 엘베르토는 우리가 뚫고 가는 지각의 두께가 30~70킬로미터 정도 된다고 했어.

"바다 밑에 있는 해양 지각은 두께가 5~10킬로미터 정도라 대륙 지각보다 훨씬 얇지."

콰콰콰!

지금 우리가 지나는 곳은 지구의 가장 바깥쪽 부분인 지각이야.

🔍 지각이 뭐지?

우리가 밟고 있는 지구의 겉면은 흙이나 바위로 이루어져 있다. 이렇게 지구의 가장 바깥 층을 지각이라고 부른다. 지각은 대륙 지각과 해양 지각으로 나눈다.

바닷속에 있는 지각은 해양 지각이라고 해.

육지는 대륙 지각이라고 하지.

해양 지각 / 대륙 지각

지각을 구성하는 암석

암석이란 지각을 구성하는 단단한 물질로, 주로 바위로 이루어져 있다. 계단이나 비석, 건축물 등 우리 생활에 많이 쓰인다.

"지구의 안쪽은 네 개의 층으로 이루어져 있어. 가장 바깥쪽인 지각과
그 아래에 있는 맨틀, 더 아래에는 외핵과 내핵이 있지."
엘베르토는 쉴 새 없이 떠들어 댔어.
한참이 지나자 뜨거운 열기에 숨이 막혀 왔어.
"헉헉, 엘베르토, 엘리베이터 안이 왜 이렇게 더운 거야?"
초코가 얼굴 가득 땀을 흘리며 괴로워했어.

> 펄펄 끓는 솥단지에
> 갇힌 기분이야.

> 외핵은 액체 상태고
> 내핵은 고체 상태지.

지각을 이루는 조각, 판

지각과 맨틀의 윗부분을 판이라고 한다.
아주 단단한 암석층이며 지구의 겉면은
10여 개의 판으로 이루어져 있다. 대륙
지각을 포함하면 대륙판이라고 하고 해양
지각을 포함하면 해양판이라고 한다.

판의 움직임과 지진

지구 중심인 핵은 무척 뜨거워서 맨틀의 위쪽과 아래쪽은
온도의 차이가 생긴다. 뜨거운 부분은 위로 올라가고 차가운
부분은 아래로 내려오는 성질 때문에 맨틀은 조금씩
움직이고, 맨틀이 움직이는 방향에 따라 판도 함께
움직인다. 지진은 판이 서로 부딪혀 에너지가 방출되면서
땅이 흔들리는 현상이다.

> 판이 움직이면서
> 만나는 경계 면에서
> 지진이 발생해!

콰아아아!!

5~35km

 지각 ← → 맨틀

지각
지구 전체 부피에 비하면 지각
의 두께는 아주 얇다.
주로 바위로 이루어져 있다.

맨틀
지구 전체 부피 중 80퍼센트를 차지
한다. 고체로 이루어졌지만 온도와
압력이 높아서 아주 조금씩 움직이
고 있다.

"맨틀을 지나 외핵을 향해 가고 있어서 그래. 지구 안쪽으로 깊숙이 들어갈수록 온도가 엄청 높아지거든."

"온도가 얼마나 되는데?"

초코의 물음에 엘베르토가 아무렇지 않은 얼굴로 대답했어.

"지구 중심인 내핵까지 들어가면 6600도 정도 돼. 태양의 표면 온도인 6000도 보다 더 뜨거운 거지."

"뭐라고?"

깜짝 놀란 우리는 벌어진 입을 다물지 못했어.

"제발 이제 그만 밖으로 탈출하자."

"정말 화끈한 경험이야…."

2900km 5100km 6400km

외핵

내핵

외핵
핵의 바깥쪽 부분으로 액체로 이루어져 있다.

내핵
지구의 가장 중심부로 고체로 이루어져 있다. 온도가 6600도로 가장 뜨겁다.

🔍 지구계란 무엇일까?

지구를 이루는 모든 요소를 지구계라고 한다.

- **지권**: 지각에서 지구 중심인 내핵까지를 말한다.
- **수권**: 바다, 강, 호수 등 지구에 있는 물의 영역이다.
- **기권**: 지구를 둘러싼 공기층이다.
- **생물권**: 지구에 살고 있는 모든 생명체이다.
- **외권**: 지구 밖의 우주 공간이다.

🔍 지구 속의 모습을 어떻게 알 수 있을까?

지구 안쪽을 눈으로 직접 볼 수는 없지만 여러 가지 방법으로 조사할 수 있다. 직접 땅을 파거나 화산이 폭발할 때 나오는 물질과 암석 등을 조사할 수 있다. 가장 효과적인 방법으로는 지진이 일어날 때 생기는 지진파를 조사하는 것이다. 지진파는 통과하는 물질에 따라 속도와 방향이 달라지기 때문에 지구 속의 모습을 효과적으로 알 수 있다.

우리가 탄 엘리베이터는 지구의 가장 중심인 내핵까지 들어갔어.
"으악! 이러다 엘리베이터에 불 붙는 거 아니야?"
"조금만 참아."
매직 엘리베이터는 지구의 내핵을 통과해 다시 외핵, 맨틀을 지나 지각을 향해 올라갔어.
"휴, 다행히 지구를 무사히 통과했어."
엘베르도가 뿌듯한 표정으로 말했어.

한참 화산섬을 둘러보고 있을 때였어. 우르릉, 천둥소리 같은 게 들려왔지. 그러고는 곧 메케한 냄새가 코를 찔렀어.

"으익, 썩은 달걀 냄새!"

팡요가 코를 감싸 쥐고 말했어.

"썩은 달걀 냄새가 아니라 유황이라는 물질이 땅속에서 올라온 거야. 곧 화산이 폭발할 거란 징조지."

엘베르토의 말이 끝나기 무섭게 검뿌연 연기가 하늘로 치솟았어. 곧이어 화산재가 비처럼 쏟아졌지.

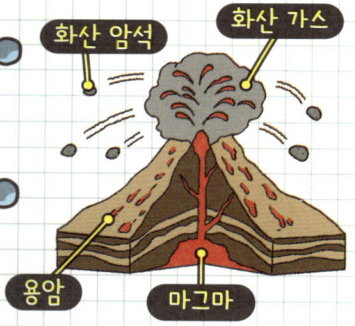

화산 분출물

마그마가 지표면을 뚫고 나올 때 여러 가지 물질이 나온다. 기체인 화산 가스는 공기 중으로 날아가고, 고체인 화산재와 돌들은 바닥으로 떨어진다. 액체인 용암은 땅 표면을 타고 흘러내린다.

제주도 한라산과 북한에 있는 백두산은 화산 활동으로 만들어진 산이다. 두 산 꼭대기에는 분화구에 물이 고여 생긴 호수가 있다.

한라산 백록담은 폭이 600미터, 깊이가 108미터쯤 되지.

백두산 천지는 폭이 4킬로미터가 넘고 깊이는 384미터야.

땅속에 있을 때는 마그마, 밖으로 나오면 용암이라고 부른대.

저 붉은 액체가 용암이야?

얼른 이 섬을 탈출하자!

연기가 하늘을 뒤덮었어.

어! 저기 엘리베이터다!

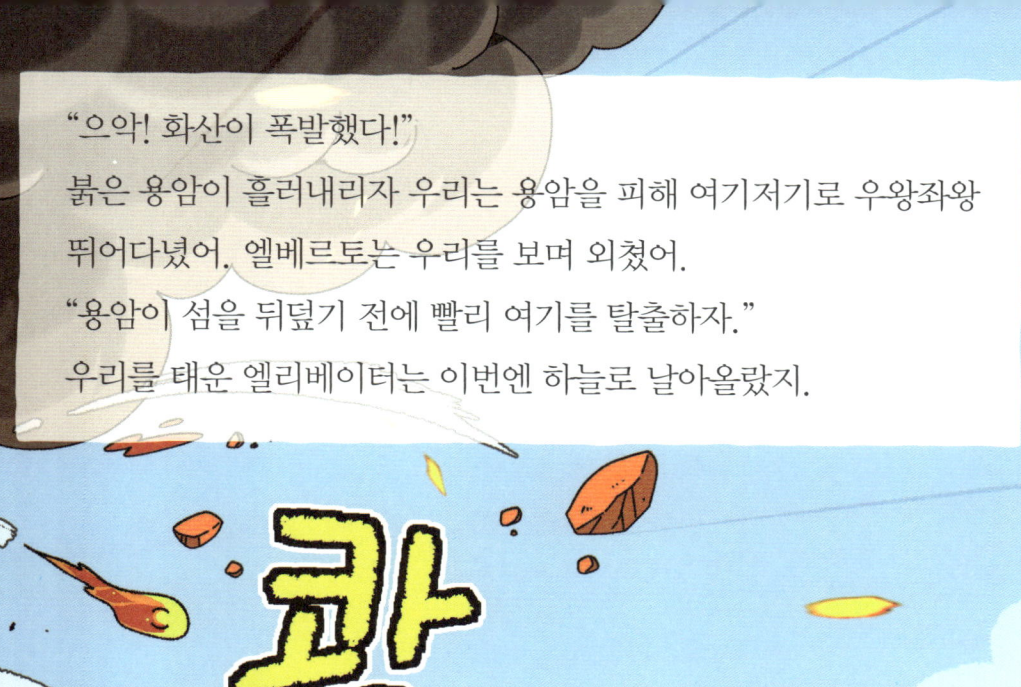

"으악! 화산이 폭발했다!"
붉은 용암이 흘러내리자 우리는 용암을 피해 여기저기로 우왕좌왕 뛰어다녔어. 엘베르토는 우리를 보며 외쳤어.
"용암이 섬을 뒤덮기 전에 빨리 여기를 탈출하자."
우리를 태운 엘리베이터는 이번엔 하늘로 날아올랐지.

콰앙

다들 서둘러!

화산의 활동에 따른 분류
활화산: 화산 활동을 활발히 하는 화산.
휴화산: 화산 활동을 멈춘 화산.
사화산: 화산 활동이 끝난 화산.

화산의 모양에 따른 분류

순상화산
방패를 엎어 놓은 모양으로 용암이 멀리까지 흘러 평평한 모양의 화산.

하와이 마우나로아산

종상화산
용암이 폭발하듯 솟구치면서 멀리 흐르지 못하고 쌓여 가파른 종 모양의 화산.

제주도 산방산

성층화산
용암이 폭발한 뒤 천천히 쌓이는 과정이 여러 번 반복되면서 만들어지는 층을 이룬 화산.

일본 후지산

🔍 바다 생물의 화석이 산에서 발견되는 과정

1. 바다 생물이 죽어서 가라앉으면 그 위에 흙이 쌓인다.

2. 흙이 계속 쌓이고 시간이 지나면 압력에 의해 생물이 굳어 화석이 된다.

3. 지각의 움직임에 의해 바닷속 땅이 솟아올라 산이 된다.

4. 바람이나 빗물 등에 의해 지층이 깎이면서 화석이 드러난다.

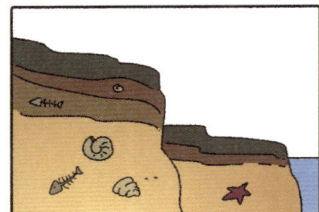

과학 낱말 사전
화석: 동물과 식물의 흔적이 암석이나 지층 속에 남아 있는 것.

엘리베이터는 한참을 날아 바위가 많은 산 위에 멈췄어.
"이 산은 5억 년 전엔 바다였어. 산이 된 바다에 내린 기분이 어때?"
엘베르토가 우리를 향해 물었어.
"바다? 여기가 바다였다고?"
샐리는 깜짝 놀라 눈을 동그랗게 떴지.
"맞아. 아주 오랜 옛날에 이곳은 얕은 바다였어. 바위를 잘 찾아보면 바다 생물의 화석을 찾을 수 있을 거야."
엘베르토가 주위를 두리번거리며 말했지.

"여기 있다!"

"삼엽충이랑 복족류라는 생물 화석이야."

"아무리 생각해도 바다가 산이 되었다는 건 이상해."

우리들 말에 엘베르토는 산이 바다가 되고 바다가 산이 되는 일은 오랜 지구 역사에서 여러 번 일어난 일이라고 말했지.

삼엽충

삼엽충은 오래 전 고생대 바닷속에 살았던 동물이다. 몸이 세 갈래로 나뉘는 모양이라 붙여진 이름이다.
우리나라에서는 강원도 태백 지역에서 대규모의 삼엽충 군락지가 발견되어 약 5억 년 전에는 이곳이 낮은 바다였다고 추측하고 있다.

- 이게 삼엽충이구나!
- 벌레같이 생긴 것 같기도 하고….
- 복족류는 다슬기랑 닮았네.
- 지구 나이에 비하면 얼마 안 된 거지.
- 5억 년 전 화석이라니 기분이 이상해.
- 바다 생물들이 화석이 되고 바다는 산이 된 거구나!

"알기 쉽게 설명해 줄게. 자, 여길 봐."
엘베르토는 이렇게 말하더니 매직봉을 꺼내 흔들었어.
"베게너라는 과학자가 아주 오래 전에는 이렇게 지구의 대륙이 하나로 붙어 있다고 주장했어."

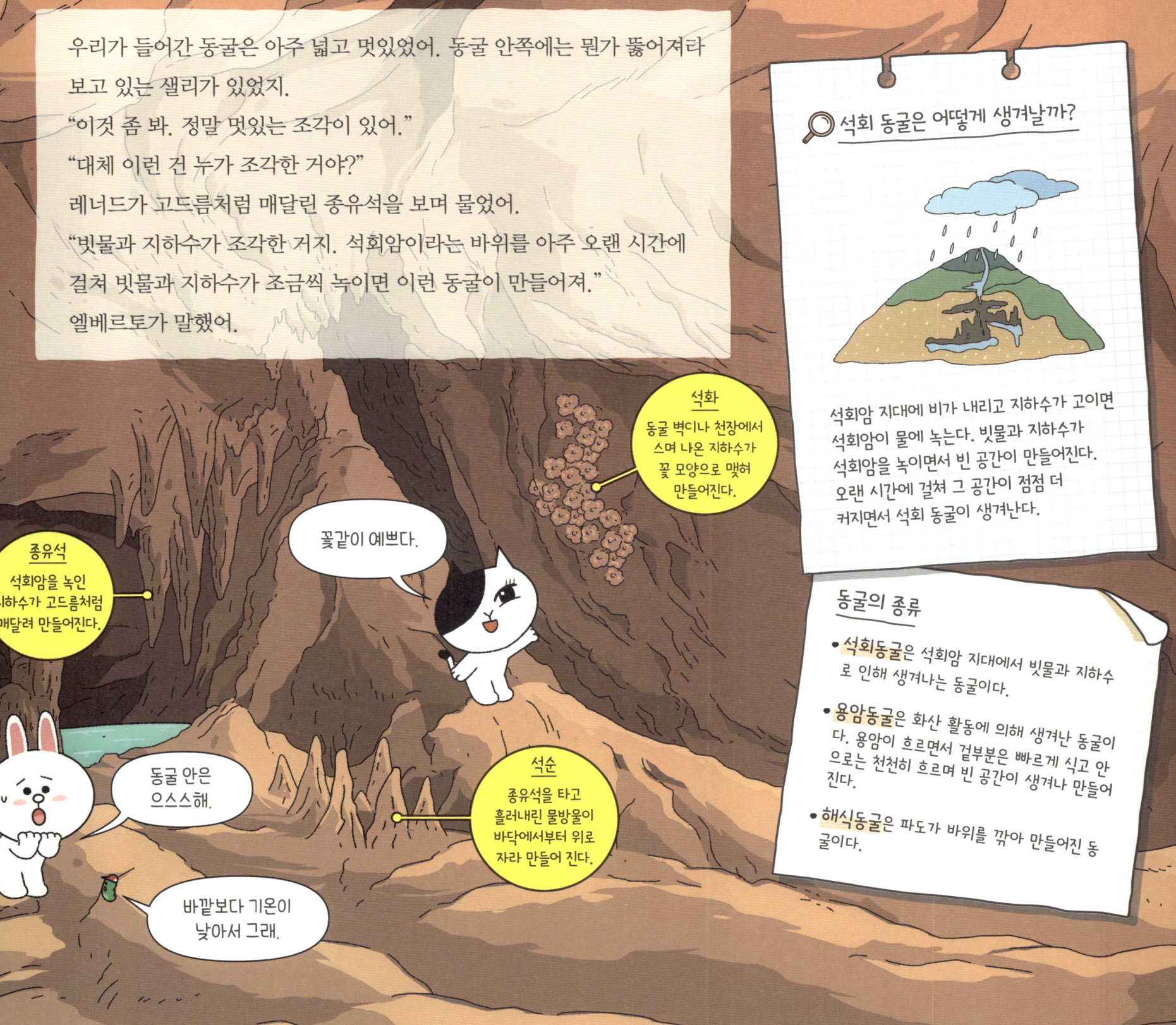

동굴 밖으로 나온 우리는 계곡을 따라 산을 내려가기 시작했어. 빗물이 석회암을 녹여서 그렇게 거대한 동굴을 만들었다는 게 정말 놀라웠지.

"이 나무 뿌리가 서서히 바위를 뚫고 들어가서 커다란 바위를 아주 잘게 쪼개는 게 보이지?"

"와! 나무뿌리가 이렇게 힘이 세다니!"

엘베르토가 가리킨 나무를 보며 샐리가 감탄했어.

"이런 걸 풍화 작용이라고 해. 바위가 오랜 시간에 걸쳐 작게 부서지는 걸 말하지. 빗물이 석회암을 녹이는 것도 풍화 작용 중 하나야."

풍화 작용을 일으키는 것들

커다란 바위나 돌이 아주 작게 쪼개지거나 분해되는 일을 풍화 작용이라고 한다.

물: 바위 틈으로 스며들어가 녹았다 얼었다를 반복하며 바위를 깨뜨린다.

공기: 공기 중의 산소는 암석을 약하게 한다.

생물의 작용: 나무뿌리와 이끼는 바위의 모양을 변형시키고 약하게 한다.

기온의 차이: 날씨가 더웠다가 추웠다가 하는 것도 바위를 약하게 만든다.

"바위 돌 깨뜨려 돌멩이, 돌멩이 깨뜨려 자갈돌, 자갈돌 깨뜨려 모래알~."

"흠, 풍화 작용을 아주 잘 나타낸 노래군."

"나무뿌리가 바위틈을 파고들면 물도 스며들고 이끼도 생기면서 바위가 점점 작게 쪼개질 거야."

"단단한 바위가 나무뿌리에 쪼개지다니!"

강의 상류

산 아래까지 내려오자 계곡은 큰 강으로 이어졌어.
"강의 위쪽과 아래쪽에서 볼 수 있는 돌은 달라."
"맞아. 산 위에서는 크고 각이 진 돌이나 바위가 많았는데 아래쪽에는 동글동글 자갈이랑 고운 모래가 많아."
엘베르토의 말에 에드워드가 모래를 살펴보며 말했지.
엘베르토는 강 위쪽에서는 침식 작용이 주로 일어나고 아래쪽으로 내려갈수록 운반, 퇴적 작용이 주로 일어난다고 말했어.

흙이 만들어지는 과정

1. 빗물이나 지하수가 오랜 시간 동안 바위와 돌을 녹인다.
2. 나무뿌리가 바위를 잘게 쪼갠다.
3. 나뭇가지 같은 생물이 썩어 부서진 바위 알갱이와 섞이면서 흙이 된다.

 바위가 흙이 되는 데에는 수만 년에서 수천만 년이 걸린대!

침식 작용: 지표면의 바위나 돌, 흙 등이 여러 가지 요인에 의해 깎여 나가는 것이다.

운반 작용: 깎이고 잘게 부서진 돌 알갱이들이 물의 흐름에 따라 이동하는 것이다.

퇴적 작용: 운반되어 온 돌 알갱이들이 쌓이는 것이다.

강가에 와 보니 돌들이 정말 많았어. 엘베르토는 돋보기를 꺼내며 우리에게 광물을 찾아보라고 했지.
"광물? 그게 뭔데?"
초코가 물었어.
"우리가 밟고 있는 지구의 겉 표면, 그러니까 지각을 이루고 있는 게 암석이야. 그리고 그 암석을 이루고 있는 알갱이를 광물이라고 하지."

엘베르토는 암석이 어떻게 만들어졌는지에 따라 화성암, 퇴적암, 변성암으로 나뉜다고 말했어.
"화성암은 화산 활동으로 만들어진 암석이야. 하와이 화산섬에서 본 구멍이 뚫린 검은색 암석 생각나지? 그 암석이 화성암의 한 종류인 현무암이야."

화성암

마그마가 식어서 만들어진 암석이다. 땅 위로 흘러나와 굳으면 화산암, 깊은 땅속에서 굳으면 심성암이라고 한다. 하와이나 제주도에서 흔히 볼 수 있는 검은색 암석은 현무암으로, 화산암의 한 종류이다.

"엘베르토, 이곳에 있는 암석은 화성암이랑 다른 것 같아."
"이건 퇴적암이야. 퇴적물이 오랜 시간 동안 쌓이고 굳어져서 만들어진 암석이지."
엘베르토는 퇴적암에서 화석을 찾아볼 수 있다고 했어. 또 조금 전 석회 동굴에서 본 석회암도 퇴적암 중 하나라고 말했지.

층층이 쌓인 모습이 꼭 케이크 같아.

흠, 이 안에 화석이 숨어 있단 말이지?

🔍 퇴적암
진흙, 모래, 자갈 등의 퇴적물이 차곡차곡 쌓여서 다져져 만들어진다. 퇴적암의 종류로는 굵은 자갈이 많이 섞인 역암, 모래가 굳어서 된 사암, 고운 진흙이 굳어서 된 이암 등이 있다. 또 산호나 조개와 같은 생물이 죽어서 쌓이면 석회암이 만들어진다.

"변성암은 땅속 깊은 곳에서 열과 압력을 받아 성질이 변한 암석을 말해."
"어떤 암석이 변성암인데?"
샐리가 물었어.
"공원의 조각상 중에 변성암으로 만들어진 게 많아. 대리석이라고 들어봤지?"

변성암으로 만든 조각이다!

변성암의 한 종류인 대리석이지.

대리석은 산성비에 녹는 성질을 갖고 있어.

다양한 변성암

원래 암석		변성암
셰일	→	편마암
사암	→	규암
석회암	→	대리암
화강암	→	편마암

"지구에서 가장 높은 산이 어딘 줄 알아?"
엘베르토는 혼자 질문하더니 우리를 에베레스트산으로 데리고 갔어.
"이렇게 높은 산은 어떻게 생겨난 걸까?"
코니가 에베레스트산을 올려다보며 감탄했어.
"지진이 발생하는 이유랑 비슷해. 에베레스트산은 서로 다른 판끼리 부딪쳐 솟아오르며 생겨났거든. 지구는 끊임없이 움직이고 있어서 에베레스트산도 점점 더 높아지고 있어."

🔍 **에베레스트산이 점점 높아진다고?**

에베레스트 산맥에는 에베레스트산을 포함해 8천 미터가 넘는 높은 산들이 많다.
에베레스트 산맥은 인도판과 유라시아판이 부딪치면서 만들어졌다. 인도판이 유라시아판 아래로 파고들고 지각이 밀려 올라가면서 높고 험한 산맥이 만들어졌다. 두 판의 충돌은 지금도 계속되고 있어서 에베레스트 산은 해마다 5센티미터씩 높아지고 있다.

우리의 키는 계속 자라고 있어!

인도판   유라시아판

에베레스트산의 높이는 8848미터나 된대.

설마 에베레스트산을 오를 계획은 아니지?

이 산꼭대기에서도 조개 화석이 발견된다던데….

뭐? 그럼 여기도 원래 바다였다고?

슈우웅

에베레스트산 꼭대기는 원래 바닷속이었어.

흠, 믿기 어려운 이야기군.

사막은 너무 덥고 건조해서 오래 있기 힘든 곳이었어.
"이제 그만 집으로 돌아가자."
힘이 빠진 목소리로 말하는 팡요 뒤로 회오리 모래바람이 불어오는 게 보였어. 우리는 잔뜩 겁에 질려 도망치기 시작했어. 하지만 소용없었지. 순식간에 사막의 모래바람에 휩쓸려 버렸으니까.

> 🔍 **사막의 바위가 모래가 된다고?**
>
> 사막의 한낮은 기온이 아주 높다. 바위는 뜨거운 열을 받으면 부피가 늘어난다. 밤이 되면 기온이 낮아지고 바위의 열이 식으면서 다시 부피가 작아진다. 이렇게 기온 차를 겪으며 바위는 약한 부분부터 부서지기 시작해 모래가 된다.

우리가 모래바람에 실려 날아온 곳은 어느 바닷가였어.
 그곳에는 기둥 모양의 검은 바위가 병풍처럼 늘어서 있었지.
"여긴 제주도 아니야?"
코니가 고개를 갸웃거리며 물었어.
"맞아. 화산섬 제주도의 주상절리야."
샐리가 신이 나서 대답했지.

제주 주상절리

주상절리는 기둥 모양으로 생긴 암석 지형이다. 주상은 '기둥 모양'이라는 뜻의 한자어이고 절리는 '암석이 갈라져서 생긴 틈'을 뜻한다. 제주도의 주상절리는 용암이 땅 위로 흘러내려 굳을 때, 오그라들면서 기둥 모양으로 쪼개져 만들어졌다.

얼마 뒤 우리는 아파트 뒷마당에 모였어. 평소에는 그냥 지나쳤을 여러 가지 돌들이 눈에 띄었지.
"화산과 지진 현상을 실험해 보자!"
우리는 흙을 쌓아 올리고 구멍을 파서 모형 화산을 만들었어. 물감과 베이킹 소다를 구멍에 넣고 식초를 부으니 정말 화산이 폭발한 것 같았지.
"이거 정말 엄청난 실험이야!"
코니는 쏟아지는 붉은 액체를 보며 기뻐했어.

화산 폭발 실험 방법
1. 모래를 높이 쌓아 산을 만들고 가운데에 구멍을 뚫는다.
2. 구멍 안에 빨간색 물감을 짜고 베이킹 소다를 넣는다.
3. 식초를 부어 주면 화산이 펑!

★ 감수자의 글 ★

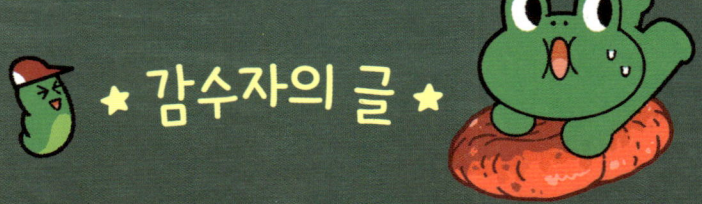

우리가 살고 있는 세상에는 궁금한 것도 많고 알고 싶은 것도 많습니다.
이러한 궁금증은 바로 과학을 통해 해결할 수 있지요. 과학은 어떤 사건이나 현상을 이해할 수 있는
기본 원리가 담긴 학문입니다. 저학년 어린이들은 과학에 대한 흥미가 높습니다.
현미경, 시험관, 비커 등의 실험 기구를 가지고 탐구하며 신나게 궁금한 점을 해결합니다.
그런 과정을 통해 과학이 우리의 생활과 뗄 수 없는 것임을 알기도 합니다.
하지만 고학년으로 갈수록 과학을 점점 어렵게 생각하고 포기하는 학생들이 늘어납니다. 왜 그럴까요?
과학의 개념들을 충분한 이해 없이 그저 외우려고만 하기 때문입니다.
학년이 올라갈수록 배워야 하는 과학의 양은 늘어나니 외워야 할 것이 많아지고,
개념이 복잡해지기 때문에 과학이 어렵다고 느끼는 것이지요. 따라서 어렸을 때 과학을 외워야 하는
따분한 과목이 아닌 재미있는 과목으로 느낄 수 있도록 해야 합니다.

매직 엘리베이터를 타고 과학 모험을 떠나 보세요. 평소 궁금했던
여러 가지 현상들의 과학 원리에 대해 알 수 있답니다. 브라운앤프렌즈 캐릭터들과 함께
사람의 몸속, 공룡 시대, 곤충의 세계, 별과 우주, 심해 등 다양한 곳을 탐험하면서 자연스럽게
과학에 대한 흥미와 호기심, 지식을 쌓을 수 있습니다.

매직 엘리클럽에 가입하고 신나는 모험의 세계로 떠나 볼까요?

- 황신영 -

글 노지영 그림 도니패밀리 감수 황신영
초판 1쇄 인쇄 2022년 12월 9일
초판 1쇄 발행 2022년 12월 23일

펴낸이 김영곤
키즈사업본부장 김수경 에듀1팀 김지혜 김현정 김지수 디자인 박지영
아동영업마케팅본부장 변유경 아동영업2팀 한충희 오은희 강경남 김규희
아동마케팅1팀 김영남 황혜선 이규림 황성진 아동마케팅2팀 임동렬 이해림 안정현
라인프렌즈 강병묵 김은솔 김태희

펴낸곳 (주)북이십일 아울북 출판등록 2000년 5월 6일 제406-2003-061호
주소 (우 10881) 경기도 파주시 문발동 회동길 201
연락처 031-955-2100(대표) 031-955-2414(내용문의) 031-955-2177(팩스) 홈페이지 www.book21.com
ISBN 978-89-509-9143-2 (74400)

Licensed by IPX CORPORATION
본 제품은 아이피엑스 주식회사와의 정식 라이선스 계약에 의해 ㈜북이십일에서 제작, 판매하는 것으로
아이피엑스 주식회사의 명시적 허락 없이는 어떠한 경우에도 무단 복지 및 판매를 금합니다.

＊책값은 뒤표지에 있습니다. ＊잘못 만들어진 책은 구입하신 서점에서 교환해 드립니다.

・제조자명 : (주)북이십일	・제조연월: 2022년 12월 23일
・주소 및 전화번호 : 경기도 파주시 회동길 201(문발동) 031-955-2100	・제조국명 : 대한민국
	・사용연령 : 3세 이상 어린이 제품

오래된 물건들은 신비한 힘을 품고 있어.
매일같이 보던 물건이 유난히 다르게 보일 때가 있지.
그때가 바로 신비한 힘이 발휘되는 순간이야.
마치 마법처럼 말이야.